BOLLETTINO
…-BIBLIOGRAFICO SUBALPINO

(anno IV (1899) pp. 113-126.)

DIRETTORE
…DINANDO GABOTTO

TORINO
Via Ponza 4

A la Bibliothèque nationale
hommage de l'auteur
J. Camus

LA MAISON DE SAVOIE

ET

LE MARIAGE DE VALENTINE VISCONTI

On connait assez bien aujourd'hui les principaux faits qui eurent pour résultat l'union de Valentine Visconti avec Louis de France, frère du roi Charles VI. L'histoire diplomatique de ce mariage célèbre, esquissée d'abord par M. Maurice Faucon (1), a été retracée d'une manière claire et concise par M. Eugène Jarry (2). D'autre part, puisant à

(1) MAURICE FAUCON, *Le mariage de Louis d'Orléans et de Valentine Visconti* (Archives des missions scientifiques et littéraires, 3.e série, t. VIII. — Paris, 1882).

(2) EUGÈNE JARRY, *La vie politique de Louis de France, duc d'Orléans*, pp. 25-49. — Paris, 1889.

des sources non utilisées par ces deux historiens, j'ai pu recueillir un certain nombre d'informations nouvelles touchant les circonstances politiques au milieu desquelles les négociations se sont succédé pendant plus de trois années; ainsi que sur les particularités du voyage fait par Valentine, lorsqu'en 1389, elle put enfin se rendre en France pour s'unir à son mari. A ces données purement historiques, j'ai joint quelques hypothèses tendant à élucider plusieurs points obscurs pour lesquels les documents font défaut, tels que l'origine des premiers pourparlers et le retard apporté à l'union des deux jeunes époux (1).

Or mon travail vient d'être l'objet d'un long article, publié par M. G. Romano dans l'avant-dernier fascicule de l'*Archivio storico lombardo* (fasc. XIX, 1898), sous le titre: *Valentina Visconti e il suo matrimonio con Luigi di Turaine* (sic), *a proposito di una recente pubblicazione.*

Disons-le tout de suite, cet écrit contient beaucoup de conjectures, de critiques et de digressions, mais c'est en vain que l'on y chercherait le moindre fait nouveau comme contribution à l'histoire du mariage de Valentine. L'auteur a déjà fait paraître divers articles remarquables sur les Visconti au temps de Jean Galéas, et il semble considérer ce champ d'études comme devant lui être réservé. Si jusqu'ici il n'avait encore rien publié de particulier sur la fille du seigneur de Milan, sans doute il se proposait de le faire un jour ou l'autre, et je m'imagine qu'il a dû éprouver quelque dépit à l'apparition de mon mémoire. Cela expliquerait en quelque sorte le ton aigre de ses critiques, parfois fort étranges, voire même absurdes (2).

---

(1) Jules Camus, *La venue en France de Valentine Visconti, duchesse d'Orléans.* — Turin, F. Casanova, éditeur, 1898. (Extrait de la *Miscellanea di Storia Italiana*, s. III, vol. V).

(2) En voici un exemple. J'ai relevé l'erreur de Muratori, qui a fait naître Valentine de Galéas Visconti et de Blanche de Savoie, et notre critique écrit: « *L'appunto fatto al Muratori è un semplice* qui pro quo *del nostro autore. Il grande storico parlò due volte di Valentina nei suoi Annali, sotto l'anno 1387 e sotto l'anno 1389, e l'una e l'altra esatta-*

Mon intention n'est pas de discuter de point en point ce que renferment les 27 pages de M. Romano, mais je ne puis laisser passer l'insinuation qu'il a faite (p. 8), en prétendant avoir écrit autrefois à peu près la même chose que moi sur la naissance de la fille de Jean Galéas. J'ai montré, ce que ni lui, ni personne, n'avait observé, que selon le *Chronicon Placentinum*, Valentine était le troisième enfant d'Isabelle de France; et, comme C. Magenta avait prouvé que le premier-né était venu au monde le 4 mars 1369, j'en ai conclu qu'elle avait dû naître en 1370 (1) ou en 1371, appuyant ainsi une assertion non documentée de M. Faucon. Notre critique, au contraire, parlant incidemment de cette

---

mente, com'era suo costume. La regrettable inadvertance *è piuttosto imputabile al sig. Camus, che deve aver confuso Valentina con Violante Visconti* ».

Je ne voudrais pas douter de la bonne foi de M. Romano, mais j'avoue que je ne comprends pas comment il a pu imprimer ces lignes, quand chacun peut lire dans les *Annali d'Italia*, à l'année 1366 : « *Anno di Cristo MCCCLXVI. Nacque nel maggio dell'anno presente a Galeazzo Visconti, in Pavia, una figliuola da Bianca di Savoia, a cui fu posto il nome di Valentina, e col tempo passò in Francia, maritata in un principe di quella Real Casa* ».

Les années 1387 et 1389 n'ont que faire ici; pourtant je ferai observer à M. R. que Muratori s'est encore trompé en disant que Jean Galéas envoya sa fille à Paris le 25 juin 1389, et cela très probablement par suite de cette autre erreur (*Rer. ital. Scriptores* XVI, 551-52) « *die XXV junii in festo S. Johannis Baptistae* ». Je suis persuadé que Muratori savait fort bien que la fête de S. Jean tombe toujours le 24 juin, et que Valentine était née de Jean Galéas et d'Isabelle de France, mais je suis également convaincu, que plus un historien a acquis d'autorité, plus il importe de signaler ses moindres erreurs, afin d'en éviter la propagation. Ainsi dans le passage des *Annali* cité plus haut, il est dit *nacque nel maggio*, avec renvoi à Corio, en marge; or Giulini, Rosmini, Litta, Magenta, tous ont répété *nel maggio*, avec Muratori, sans s'occuper de Corio, qui cependant parle du baptême de Valentine comme d'un fait antérieur au mois de mars.

(1) « *Questa data non s'accorderebbe con quella del 4 marzo 1369, nascita del primogenito* » dit M. Romano (p. 9). Vraiment je ne vois pas pourquoi Isabelle n'aurait pu mettre au monde Valentine en décembre 1370, presque 22 mois après la naissance de son premier-né.

question dans un de ses articles (*Arch. stor. lomb.*, 1899, p. 390), n'avait absolument rien ajouté à ce que l'on savait déjà, si ce n'est cette phrase qu'il répète encore maintenant: « *se poi si pensa che Isabella di Valois non diè alla luce il suo primogenito prima del marzo 1369, è anche probabile che Valentina sia nata qualche anno più tardi* ». C'est à dire que M. Romano ignore que, chez les familles princières d'alors, les fils étaient dits *primogenitus*, *secundogenitus*....., sans tenir compte des filles nées auparavant (1). Ce fait était si bien connu de Magenta, que, malgré sa découverte de la lettre d'Isabelle du 4 mars 1369, il persistait à croire que Valentine était née en 1366, comme l'avait avancé Corio (2).

Il est assez singulier que M. Romano, qui s'est beaucoup occupé de la politique des seigneurs de Pavie et de Milan avec la France, l'Allemagne, la Vénétie, la Toscane, etc., dans la seconde moitié du XIV siècle, ait négligé d'étudier sérieusement les relations des Visconti avec la maison de Savoie. Ainsi il a écrit tout un article sur le mariage de Lucie Visconti avec Louis II d'Anjou, sans voir clairement que cette union avait été négociée par l'entremise

---

(1) On ne tenait même pas compte des fils morts en bas âge, et le terme *primogenitus* avait fini par prendre le sens d'héritier présomptif. C'est ainsi qu'il fut appliqué à Charles VI, qui, né en décembre 1368, n'était certainement pas le premier des neuf enfants que Charles V eut de Jeanne de Bourbon, mariée en 1350 et décédée en 1378. Jeanne donna ensuite le jour à une fille, la princesse Marie, morte en 1377 (CHRISTINE DE PISAN, *Le livre des fais... du sage roy Charles V*, édit. Petitot, vol. V, p. 369), puis à Louis, le futur duc de Touraine, appelé *secundogenitus* dans les Mémoriaux de la Chambre des comptes de Paris (E. JARRY, *op. cit.*, p. 1). En 1394, dans un traité conclu avec le roi de France, Jean Galéas disait *primogenitus noster* pour désigner son fils Jean Marie (E. JARRY, *La voie de fait*, p 95). Enfin vers 1450, Louis de Savoie, le cinquième enfant d'Amédée VIII, était également nommé *primogenitus*, comme on le voit par un compte de la châtellenie de Pérosa (Turin, *Arch. cam.*, n. 63).

(2) CARLO MAGENTA, *I Visconti e gli Sforza nel castello di Pavia*, t. I, p. 129.

d'Amédée VI, dit le Comte Vert (1). Aujourd'hui il nous fait voir qu'il ignore complètement que Jean Galéas se trouvait à Plaisance, le 25 novembre 1385, pour conclure un traité d'alliance avec Amédée VII (2); il confond le Comte de Savoie avec le Prince d'Achaïe, en nous parlant (p. 16) de « *la dimora del Conte Rosso* (!) *a Pavia nell'aprile-maggio 1389* », etc.

D'après cela il ne faut pas trop s'étonner si M. R. considère comme privée de tout caractère de vraisemblance mon hypothèse, que la Maison de Savoie ait pu faire les premières ouvertures pour le mariage de Valentine, vu les étroits liens de parenté qui unissaient Bonne de Bourbon, tant avec la cour de France, qu'avec celle de Milan, et considérant l'intimité des relations que cette princesse entretenait avec Blanche de Savoie. « *Invece di fantasticare,* dit M. R., *sulla portata di semplici relazioni personali fra due principesse, il nostro autore avrebbe dovuto proporsi la questione se era conforme all'interesse della Casa di Savoia l'iniziativa di un matrimonio tra la figlia di Gian Galeazzo Visconti e il fratello di Carlo VI* », et il continue en opinant que l'intérêt politique devait porter la Maison de Savoie à empêcher plutôt qu'à favoriser cette union. Pourquoi? Il ne le dit pas et pour cause.

La politique que suivait alors le Comte Rouge nous donne lieu de penser tout différemment. De même que son père, Amédée VII avait pour principaux objectifs, d'un côté l'annexion du comté d'Asti et de quelques terres voisines;

---

(1) F. Gabotto, *L'età del Conte Verde in Piemonte*, p. 269, in nota.

(2) Ce traité de Plaisance, du 25 novembre 1385, a été mentionné exactement par N. Bianchi (*Materie politiche*, p. 85) et par M. Gabotto (*Gli ultimi principi d'Acaia*, p. 41), mais, comme si de rien n'était, M. Romano écrit (p. 15) : « *Non nel novembre 1385 Giangaleazzo fu a Piacenza, ma nel dicembre, e propriamente dopo il 7 di questo mese* »; et il renvoie le lecteur aux *Antiqua ducum mediolanensium decreta*, au *Chronicon Placentinum*, à Giulini et à Magenta, pour prouver quoi? que Jean Galéas était à Milan le 28 novembre et le 7 décembre, et qu'ensuite il demeura à Plaisance jusque dans le mois de janvier 1386! Qu'est ce que tous ces « *schiarimenti* » peuvent bien avoir à faire avec la question?

de l'autre, l'extension de ses Etats jusqu'à la mer, vers la Ligurie et la Provence. En 1383, un des premiers actes de son gouvernement avait été d'envoyer à Venceslas les vidimus des fameuses chartes de donation de l'empereur Henri VII, selon toute apparence pour en obtenir la confirmation (1). Mais le Roi des Romains fit la sourde oreille; sans doute il voulait avant tout qu'Amédée renonçât à reconnaître Clément VII, qui considérait l'empire vacant; et ce doit être dans ce but qu'il envoya comme ambassadeur en Savoie Lambert de Brun, évêque de Bamberg, en janvier 1385. Le Comte Rouge semble avoir hésité avant de répondre, car c'est seulement le 15 juin que nous voyons

---

(1) Turin, *Arch. cam. Tes. gen.*, n. 35, fol. 88: « A Anthonio Curbilliet recevant au nom de soy, de Johan Parilliac et Jaquemet Versy, notayres, per leur poyne et travail qu'il hont heu en faire et escripre xiiij vidimus et transcripz sur xiiij lettres d'empereur faites à Monseigneur, et que sont tout burlées d'or comme seelées de cire, faysancz mencion tout de donacions faites per l'empereur a Mons. de la conté d'Ast et de Masin, confirmacion de la conté de Savoye, duchanies de Chablais et d'Ouste, du marquisal et princial d'Ytalie, et per la vicarie general d'empereur; et pluyseurs autres libertez et aussi des fidelitez et seignories de piuseurs prelacz et nobles, tant dedans les limites de la conté de Savoye comme dehors; et les quelx vidimus Martins de Les Chaulx ha baillié à Mermet Rouget, secretaire de Mons., pour les pourter envers l'empereur, avec moss. Nicoud de Blonay, moss. Hugue de Villette, moss. Guichard Marchiand, moss. Johan de Confiens... (*juillet 1383*).

Ibidem, fol. 95: « A Anth. Curbilliet, notaire, per iiij vidimus que li dicz Anthonio ha fait per Mons. de Savoie per devant l'official de Chamberiou, des que*lx* quatre vidimus le .j. est faicz dessus une lettre de confession et largicion a Mons. de Savoie, faite per mess. Henry, jadix empereur, de la cité et conté de Ast; outres .j. autre vidimus qui ha esté faicz per le dit Anthoyne Curbilliet sur la dite lettre, et le quel vidimus ensambles aucons autres moss. Guichars Marchians, avecques aucons autres chivallers, ha pourté à Mons. l'empereur qui est orendroit; et les .ij. vidimus sont faicz dessus .ij. chartres faisans expresse mencion de la pays et quictance faite per moss. Johan Galeacz, viconte de Melan, conte de Vertus, a Mons. Amey, conte de Savoie, cuy Diex absolvet, des chasteaulx, villes et terres, les queles le dit Mons. de Savoie jadix tenoit en la dyocesie de Verceil et de Yvrée, les quelx soloit tenir moss. Galeacz, pere jadix du dit conte de Vertus...» (*septembre 1385*).

partir son sécrétaire Mermet Rouget « *eundo versus Alamagniam et Boemiam ad serenissimum Dominum D. Romanorum et Boemie regem, ex parte Domini pro excusacione responsionis faciende prefato D. Romanorum et Boemie regi ad ambaissiatam Domino ex parte dicti regis factam super facto cismatis ecclesie* » (1). Amédée VII était trop attaché à la France pour devenir urbaniste, mais il ne voulait cependant pas s'aliéner de Venceslas, dont il pouvait toujours espérer l'appui pour ses revendications. Il aurait dû renoncer entièrement à cet espoir, si Jean Galéas parvenait à combiner le mariage de sa fille avec Jean de Goerlitz, frère du roi des Romains; et par conséquent il y avait pour la Maison de Savoie un intérêt politique à empêcher cette union en proposant celle de Valentine et de Louis de Valois. Puisque rien ne faisait prévoir alors que le seigneur de Milan donnerait l'Astesan en dot à sa fille, le Comte Rouge pouvait même se flatter d'obtenir quelque cession des territoires en litige, comme récompense de sa médiation.

Dès le commencement de l'année 1385, secondé par son cousin Amédée d'Achaïe, le comte de Savoie empiétait déjà sur les terres de Provence dans les vallées de la Stura (2); vers le milieu de juin il était en relation, à Lyon, avec le seigneur de Bueil (3), celui qui devait lui procurer des adhérents pour l'occupation de Nice; et dans le même temps il réclamait avec insistance à Marie de Bretagne et à son fils le paiement des dettes contractées par la Maison d'Anjou

(1) Turin, Arch. cam. *Tes. gen.* n. 36, fol. 53.

(2) SARACENO, *Regesto dei principi di casa d'Acaia*, p. 134. — F. GABOTTO, *Gli ultimi principi d'Acaia*. p. 35.

(3) Turin, Arch. cam., *Tes. gen.*, n. 36, fol 46: « Per le pris de une aguinee bay que Monseigneur ha donné a Mons. Johan de Buyl a Lion du mois de juign (1385) XL francs ». Ce petit document vient à l'appui de la supposition de M. E. Cais de Pierlas (*La ville de Nice*, p. 9), que Jean de Bueil après être venu, le 5 juin 1385, à Barcelonnette, soit disant pour confirmer les chartes de liberté aux habitants en faisant prêter hommages à la reine, « devait avoir saisi cette occasion pour faire les premières ouvertures au comte de Savoie et se ménager secrètement des adhérents dans le pays ».

envers celle de Savoie (1), très probablement afin d'acquérir quelques places en compensation, car il n'ignorait pas que la pauvre veuve de Louis d'Anjou était harcelée par une foule de créanciers qu'elle n'était pas en état de satisfaire. Ne pouvant recourir aux armes pour en arriver à ses fins, vu que la cour de France convoitait également une partie de la Provence, il agissait lentement, avec diplomatie. A cet effet la paix avec les Etats voisins lui était nécessaire. Après avoir confirmé le traité conclu par le Comte Vert avec les Génois (2), il rechercha l'alliance de Jean Galéas. Celui-ci d'ailleurs ne demandait pas mieux que de consolider les bonnes relations qu'il entretenait depuis quelque temps avec la cour de Savoie. Au lendemain de son coup d'état du 6 mai, il avait envoyé au Comte Rouge plusieurs grands chevaux, provenant apparemment du butin qu'il venait de faire (3). Bientôt après, Amédée ordonnait d'organiser une sorte de garde d'honneur de cinquante lances, que le seigneur de Saint-Maurice et Jacques de Villette devaient conduire vers le nouveau sire de Milan (4).

---

(1) Turin, Arch. cam. *Tes. gen.*, n. 36, fol. 44. — A propos du jeune Louis II d'Anjou, je dois rectifier une confusion que j'ai faite dans mon mémoire (p. 9), en disant que ce prince avait été malade à Chambéry, au mois de juin 1385. A ce moment il était à Villeneuve-lez-Avignon, avec sa mère. J'ai été induit en erreur par la teneur ambiguë d'un extrait des comptes du trésorier Belletruche.

(2) Turin, Arch. cam. *Tes. gen.* n. 36, fol. 130 : « A Anthon Curbilliet per . j . vidimus qu'il ha fait des alliances que Monseigneur ha avecques les Janueys, le quel vidimus l'on ha baillié a moss. Johan Mestral per le pourter a Pavie, du moys de novembre (1384) ».

(3) Turin, Arch. cam. *Châtell. de Maurienne*, n. 64, fol. 29 (15 mai 1385) : « Item que Monseigneur a donné a duoz valecz du conte de Vertuz qui hont admenez a Monseigneur certeins grans destriers de Lombardie, XL flor. ».

(4) Turin, Arch. cam. n. 36, fol. 36 : « Amedeus, comes Sabaudie dilectis magistris et receptoribus computorum nostrorum salutem. Vobis mandamus quatenus dilecto fideli consiliario et thesaurario nostro Andree Belletruchi in ejus primo computo sine difficultate qualibet allocetis mille quingentos florenos auri parvi ponderis, quos, pro nobis nostrisque nomine et mandato tradidit realiter et libravit dilectis fidelibus domino

A la fin de septembre, le comte Amédée se disposa à traverser les Alpes, et donna des ordres en vue d'un assez long séjour dans le Piémont (1), où l'appelaient d'importantes affaires. Il passa le mont Cenis le 2 octobre (2) puis se rendit à Turin. C'est là que bientôt, tandis qu'il était occupé à régler les questions compliquées du Canevesan (3), durent lui parvenir de singulières rumeurs, qui commençaient à se répandre, touchant le frère de Charles VI et la Hongrie. Louis de Valois, qui, le 17 septembre, s'était mis en route pour aller s'unir à la jeune reine Marie, était retourné à Paris, après avoir appris, à Troyes, que Sigismond, frère de Venceslas, entré à Bude par la force des armes, lui avait enlevé et sa femme et son trône (4). Dès le 18 octobre, un certain Durant Bastide, venant de Hongrie, en avait porté la nouvelle à Avignon (5). La Maison de Savoie était trop intimement liée à la cour de France pour se désintéresser de ces faits. Il y a tout lieu de croire que

---

Jacobo de Villeta, militi, et Guigonii Ravaisio, domino Sancti Mauricii, scutiffero, nostris capitaneis quinquaginta lancearum, quas in subsidium per eosdem misimus et duci ordinavimus carissimo fratri nostro, domino comiti Virtutum, apud Papiam et Mediolanum, pro stipendiis dictarum quinquaginta lancearum, sex septimanarum inceptarum, die octava mensis hujus julii. Item et quater centum florenos auri parvi ponderis quos pro nobis nostrisque nomine et mandato tradidit realiter et libravit pro dictis domino Jacobo et Guigonii, tam pro capitaneatu dictarum quinquaginta lancearum magnis oneribus et expensis per ipsos substentis pro se ponendo in statu congregando et ducento dictas quinquaginta lanceas, quam ratione carestie que presencialiter est in partibus Ytalie, ad finem quod dicti capitanei eorum sociis si indigeant et necesse fuerit subvenire possint; quos quater centum florenos eisdem capitaneis causis predictis graciose donavimus ut dicto fratri nostro carissimo honorabilius servire possint. Datum Rippaillie, die XV mensis julii, anno Domini mill.° ccclxxx quinto ».

(1) Turin, Arch. cam. *Tes. gen.* n. 36, fol. 59-60.

(2) Le 1 octobre, il était à Aussois, près de Modane, et le 3, à Ferrera, dans la vallée de Suse (Arch. cam. *Châtell. de Maurienne*, n. 64, fol. 32-33).

(3) F. Gabotto, *op. cit.*, p. 40.

(4) E. Jarry, *op. cit.*, p. 23.

(5) Journal de Jean le Fèvre (édit. Moranvillié), t. I, p. 187.

de nouvelles informations à ce sujet furent apportées, le mois suivant, au Comte Rouge par son écuyer Amé de Luiron, qui, le 15 novembre, passait à S.t Michel de Maurienne « *veniendo de partibus Francie et eundo ad Dominum ad partes Lombardie* (1). Le Comte était encore à Turin le 16, et c'est là que son écuyer dut le rencontrer (2).

A ce moment, les négociations entre la cour de Milan et celle de Savoie étaient sur le point d'aboutir à une alliance formelle. Or, ainsi que je l'ai dit, Amédée de Savoie se rendit en personne à Plaisance, peut-être, comme le pense M. F. Gabotto (3), pour proposer au comte de Vertus le mariage de Louis et de Valentine. Le 24 novembre, il envoyait de cette ville un mandement à Pierre Magnin concernant ses chevaux (4). Le lendemain il y concluait avec Jean Galéas un traité, par lequel les deux princes s'engageaient à défendre réciproquement leurs Etats. Cet acte fut rédigé dans la maison habitée par Blanche de Savoie, et signé en présence de cette princesse et de Louis de Savoie, frère du prince d'Achaïe (5).

Comment ne pas trouver vraisemblable que dans cette réunion de famille l'on ait pensé à la possibilité d'un mariage entre Louis de Valois et Valentine, alors que la cour de France s'occupait de trouver une nouvelle fiancée pour le neveu de Bonne de Bourbon et du comte de Vertus?

---

(1) Turin, Arch. cam. *Châtellenie de Maurienne*, n. 64, fol. 33.

(2) *Ibidem*, fol. 32.

(3) M. Romano cite mes paroles (p. 14) en supprimant *peut-être*, et dit que je n'ai pas bien interprété la pensée de M. Gabotto ; il fait de même à propos de Froissard, et donne comme étant de moi la phrase ridicule « *il était bien heureux qu'on lui eût sa femme* ». Du reste plusieurs de ses citations de mon mémoire sont faites de telle façon qu'on le croirait écrit en quelque jargon franco-italien ; ainsi, p. 7, « comme *un* pourrait le croire ; p. 12, pour sauver *la* propre liberté ; p. 14, *il a* tout lieu de penser *che* ce *fu* ; p. 17, *probablemente* ; p. 20, l'usurpation *per* Jean Galéas ; Amédé, Daufiné », etc. — On s'étonne de voir la langue française traitée de cette façon par un savant qui travaille tant sur les écrits de Jarry, De Circourt, Durrieu, Noel Valois, et autres.

(4) Turin, Arch. cam. *Comptes de l'hôtel, pièces détachées*.

(5) Voir le texte du traité que je publie à la fin de cet article.

Il est tout à fait inadmissible que Jean Galéas ait pris de lui-même l'initiative des pourparlers, comme M. Romano le donne à entendre, « *negoziando col duca di Berri anche, chi sa?, a suon di danaro* » (!). Ce serait ici le cas de renvoyer à l'auteur sa phrase courtoise (p. 17): « *così, s'io non m'inganno, si scrivono de' romanzi, non si scrive la storia* ».

Certes, immédiatement après le premier projet de contrat, les relations entre Milan et Chambéry se refroidirent, et la cause en est bien simple: Jean Galéas, en accordant à sa fille le comté d'Asti comme dot territoriale, anéantissait du coup les illusions que nourrissait la Maison de Savoie par rapport à cette province. Ne pouvant entrer en conflit avec la France, il ne restait au Comte Rouge que faire bonne mine à mauvais jeu.

Pourtant le sire de Milan était allé trop loin en comprenant dans cette cession les possessions et les fiefs de l'évêque d'Asti, particulièrement les places de Bene, la Trinità et Sant'Albano, sur lesquelles Amédée d'Achaïe croyait avoir des droits. Aussi le « Prince de Pignerol », comme on l'appelait, prit-il bravement les armes; jusqu'à la fin de 1388, nous le voyons se défendre énergiquement contre les troupes du marquis de Montferrat et celles de Jean Galéas, seul d'abord, puis avec les secours que le Comte Rouge lui envoie sous la conduite de Louis de Savoie. Il est clair que dans ces conditions le comte de Vertus ne pouvait envoyer sa fille en France par le Piémont. M. Romano ne voit là aucun motif pour expliquer le retard apporté à l'union définitive de Valentine et du duc de Touraine après leur mariage par paroles du 8 avril 1387. D'après lui, si plus de deux années s'écoulèrent avant que la consécration de cette union pût avoir lieu, cela provint de la difficulté que le seigneur de Milan éprouvait à recueillir les sommes qu'il s'était engagé à payer pour la dot. Evidemment l'auteur oublie que Jean Galéas en s'emparant du Milanais avait acquis des richesses énormes; seul le trésor de Barnabo avait été estimé six cent mille ducats. Il n'aurait donc pas été embarrassé pour payer, en 1387, les 300,000 florins du lendemain de noces. En examinant d'ailleurs l'inventaire des joyaux apportés par Valentine a Paris, l'on voit qu'une grande partie d'entre eux devaient avoir été possédés par Isabelle de France, Blanche de Savoie et sans doute aussi par quelques-unes des filles de Barnabo. Enfin si pour le paiement de la dot, Pavie avait versé 25,000 mille livres et Plaisance 20,000, on peut s'imaginer ce que produisit l'ensemble des contributions exigées de toutes les villes et communes soumises au Comte de Vertus.

Afin de faire passer sa fille par le Piémont et la Savoie avec tous les honneurs voulus, le seigneur de Milan dut céder à la fermeté qu'avait montrée Amédée d'Achaïe. Il en résulta quelques avantages pour le Piémont, auquel échurent plusieurs places du Canavesan (1) et aussi celle de Bene (2). En retour le prince s'engagea à accompagner Valentine jusqu'à Mâcon, où devaient la recevoir les envoyés de la cour de France. La jeune duchesse de Touraine quitta Pavie, sa ville natale, le 24 juin 1389, le jour de S. Jean Baptiste, patron de Jean Galéas.

Traité d'alliance entre Amédée VII et Jean Galéas

(*Turin, Archivio di Stato, Trattati diversi, mazzo II, num. 5*).

In Christi nomine amen. Noverint universi et singuli, tam presentes quam posteri, ad quos presens pagina provenerit, quod anno Domini ab incarnacione ejus milesimo trecentesimo octuagesimo quinto, indictione nona, die vigesimo quinto mensis novembris, Illustres et magnifici principes et domini, domini Amadeus, comes Sabaudie, ex parte una et Johannes Galeaz, vicecomes, comes Virtutum, Mediolani, etc., imperialis vicarius generalis, ex parte altera, cupientes, sicut consanguineitate propinqua junguntur, in unitate mencium uniti quiete vivere et fedus amoris inter se perpetuo conservare ad infrascriptas convenciones pacta, federa atque concordiam pro se et suis heredibus legittimis procreatis et procreandis de corporibus ipsorum et utriusque ipsorum valituras et valitura perpetuo eorum spontaneis voluntatibus annuente Domino pervenerunt.

Primo videlicet quod prefati Domini, vel alter ipsorum per se vel alium nec pro suo seu alieno facto, publice vel oculte, directe vel per

(1) F. Gabotto, *Gli ultimi principi d'Acaia*, p. 119.

(2) *La venue en France de Valentine Visconti*, p. 55, docum. XXXIV.

indirectum nunquam offendent unus alterum, nec venient unus ad offenssiones seu dampna alterius seu subditorum, civitatum, terrarum, fortiliciorum et teretorii alterius, quas et que presencialiter habent et tenent, vel ipsos habere vel acquirere contingerit in futurum ; salvo tamen et reservato quod neuter ipsorum dominorum possit acquirere subditos, terras vel fortilicia contra quos vel super quibus alter ipsorum dominorum querelam haberet ; exceptatis semper et reservatis expresse in supra et infra scriptis omnibus et per omnia omni jure et obligacione in quibus prefati Domini vel alter ipsorum tam occaxione homagii et fidelitatis quam vicariatus seu alicujus alterius juris quo ex debito tenerentur vel obligati forent aliquibus suis dominis quoquo modo. Que omnia et singula supra et infra scripta prefati Domini comites et utriusque ipsorum pro se et suis heredibus predictis et utriusque ipsorum promiserunt alter alteri solennibus stipulacionibus, intervenientibus hinc inde, nobisque Micheleto de Croso et Pasquino de Capellis, cremonensis diocesis, notariis, infrascriptis stipulacionibus et recipientibus nomine ac vice predictorum dominorum heredumque suorum predictorum et aliorum quorum interesse poterit in futurum per eorum et utriusque ipsorum corporalia juramenta prestita ad evangelia Dei sancta super misali manibus ipsorum vicisim appositis et immissis et per fidem corporum suorum datam per alterum alteri more nobilium ; ita quod fides juramento non deroget vel e contra tenere, attendere et inviolabiliter observare perpetuo et nunquam contra ea vel ipsorum aliqua facere, vel venire, nec contra facere vel venire volenti in aliquo consentire. Renunciaveruntque prefati domini et uterque ipsorum per eorum et utriusque ipsorum predicta juramenta, ex certis eorum scienciis in hoc facto omni actioni et excepcioni, doli, mali, metus et in factum convencionum pactorum, excepcionum, promissionum, obligacionum et aliorum predictorum non sic, et non legittime factorum, omnique jure canonico et civili, quo contra promissa vel ipsorum aliqua possent facere vel venire aut in aliquo se tueri, jurisque dicenti generalem renunciacionem non valere nisi precesserit specialis de quibus prefati domini comites et uterque ipsorum fieri voluerunt per nos subscriptos notarios unum et plura instrumenta publica tenoris ejusdem ad opus ipsorum, que sigilari debeantur eorum et utriusque ipsorum sigilis propriis in robur et testimonium omnium premissorum.

Acta fuerunt hec in civitate Placentie, in domo Anthonini de Angusolis de Placencia, in presencia illustris domine Blanche de Sabaudia, amitte prefati domini Comitis Sabaudie et genitricis prefati domini Comitis Virtutum, vocatis et presentibus pro testibus ad premissa, Illustre domino Lodovico filio domini Jacobi de Sabaudia, principis Achaye, recordacionis felicis, et magnifico domino Manfredo marchione Saluciarum, filio quondam domini Manfredi, virisque nobilibus dominis Oddone de Vilars, Ybleto domino de Chalant et Montis Joveti, Jacobo de Verme, Anthonio de Porris, comite Polencii, Stefano de Balma, militibus, et Dominico de Rotariis, cive astensi.

Ego Pasquinus de Capellis, filius de Baldesari, civis cremonensis, publicus imperiali auctoritate notarius ac prefati illustris principis domini Comitis Virtutum secretarius, premissis omnibus et singulis dum sic agerentur una cum supranominato Micheleto de Croso notario publico, secretarioque prefati illustris principis domini comitis Sabaudie, interfui jussuque et rogatu predictorum illustrium dominorum, presens instrumentum publicum rogavi, imbreviavi et in formam publicam redegi et me publice subscripsi.

Et ego Micheletus de Croso de Montemeliano, gracinopolitani dyocesis, auctoritate imperiali et prefati domini comitis Sabaudie publicus notarius premissis omnibus una cum Pasquino publico notario, et testibus suprascriptis dum sic fieret ut supra scribitur interfui, hoc instrumentum cum dicto Pasquino recepi rogatus in eo, manu propria subscripsi, expedivi, tradidi ipsumque signavi in veritatis testimonium, solito nostro signo.

Le parchemin, sur lequel est écrit l'original de ce traité, conserve encore le sceau pendant de cire blanche aux armes du comte de Vertus.

J. Camus.

www.ingramcontent.com/pod-product-compliance
Lightning Source LLC
LaVergne TN
LVHW052040160826
845678LV00003B/1457

* 9 7 8 2 3 2 9 6 3 3 3 8 1 *